21 Lautbilder zum Sprechen und Malen

Kasimirs Zaubersätze

SCHUBI®

Bernd Jockweg, Ariane Willikonsky
Illustrationen: Anne Wöstheinrich

Abrakadabra, alle Achtung – aaah!

A

E

Elf Elefanten essen Erdbeeren – heee!

I

Igel Ida isst immer schimmelige Fliegenpilze – iiiii!

Onkel Otto kommt Ostern – oooh!

O

Ulf, das Ungeheuer geht um – uuuh!

U

N

Nino sagt nur nein – nein, nein, nein!

NEIN

D

Didi drängelt dauernd –
ding-dong, ding-dong.

Susi summt im Sommer – sssss.

S

R

Robert liebt rasende Rennen – rrrrrrrroarrrr!

L

Lilo liebt leise Lieder – la le lu!

G

Greta, die Glucke, gackert gerne –
gag, gag, gag!

W

Winnie wirbelt wie wild im Wald – wwwww.

B

Bobo blubbert Blasen –
blubb, blubb, blubb.

M

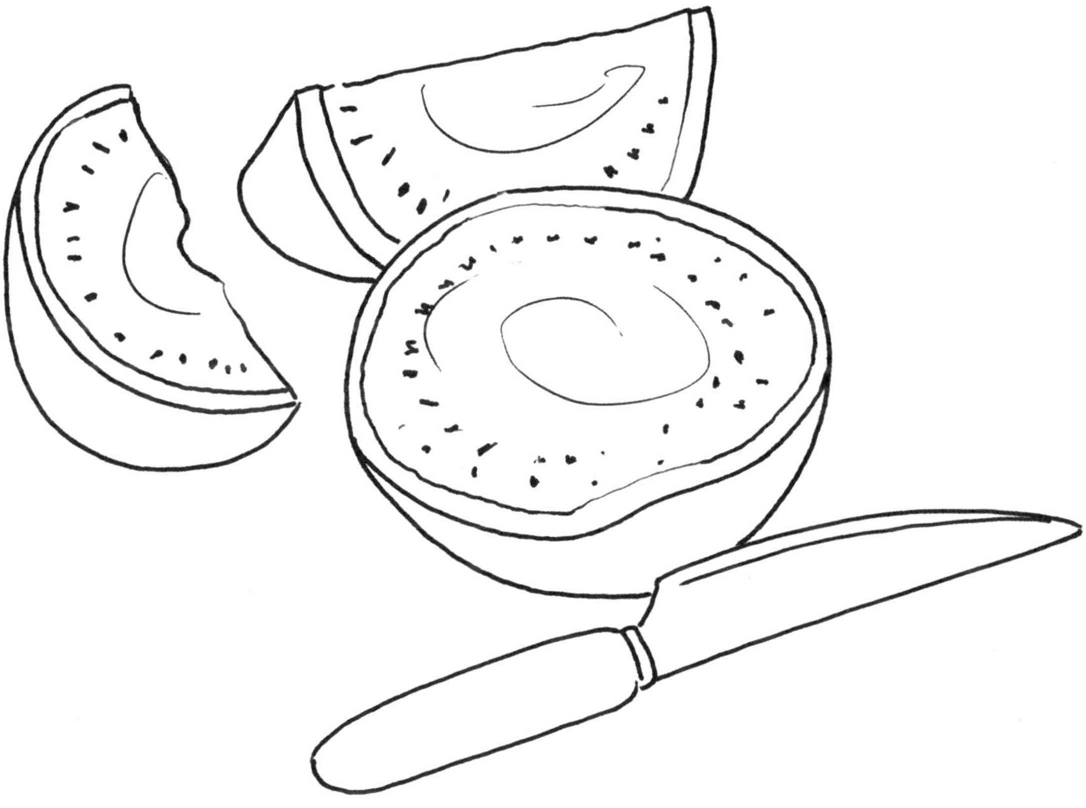

Mimi mag Melone – mmm!

Tolle Tanten tanzen Tango – t t ttt.

T

Z

Zwerg Zezi zieht zehn Ziegen – zack-zack!

H

Hugo hat heute Humor – hi hi hi!

Sch

Schaf Schorsch schläft schon – schschsch!

K

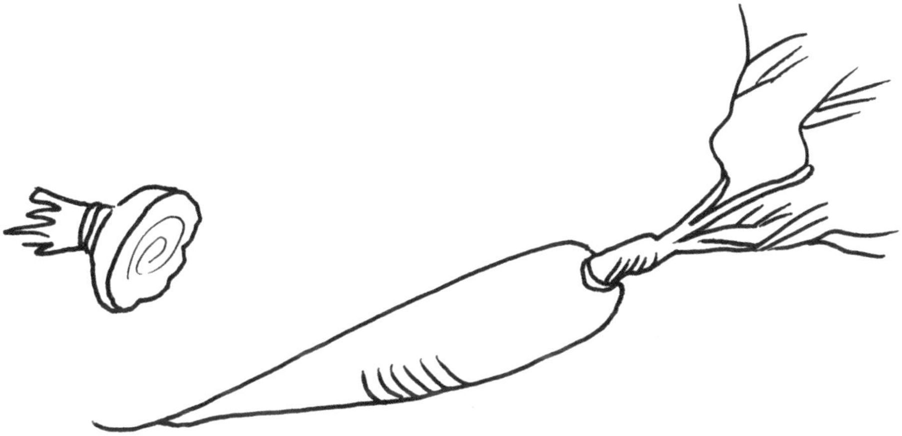

Kasimir knabbert Karotten –
knack, knack, knack!

F

Flora fliegt flink durchs Fenster – fffffff!

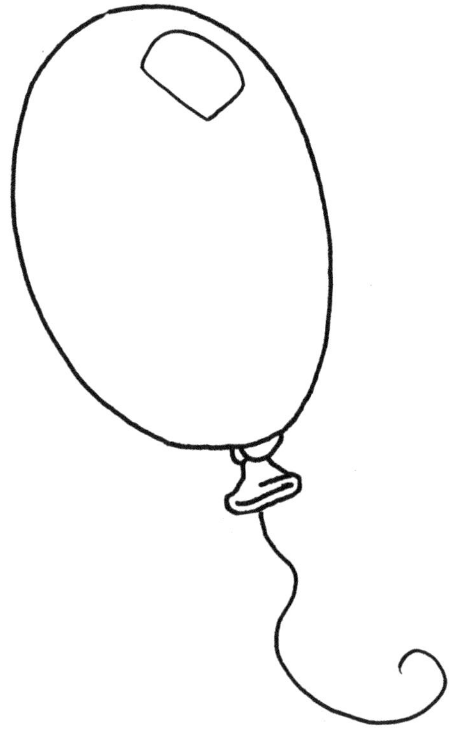

P

Plötzlich piekst Pepe – peng!

Kasimir

TOCK TOCK

Liebe Eltern

„Kasimirs Zaubersätze“ sollen Ihr Kind unterstützen, auf spielerische Weise in die Welt der Laute einzutauchen. Damit Sie Ihrem Kind dabei behilflich sein können, möchten wir Ihnen einige Tipps zum Umgang mit diesem Heft geben.

Der Zeitpunkt, wann Kinder erkennen, dass unsere Wörter aus Lauten zusammengesetzt werden, ist sehr unterschiedlich, in der Regel zwischen dem 4. und 7. Lebensjahr. Seien Sie nicht beunruhigt, wenn Ihr Kind am Anfang noch Schwierigkeiten damit hat.

Dieses Heft enthält Bilder und Merksätze (Zaubersätze) zu den wichtigsten Lauten der deutschen Sprache. Jeder Merksatz enthält den entsprechenden Laut möglichst häufig. Durch das schrittweise Auswendiglernen der Sätze schulen die Kinder nicht nur das Wissen um die Laute, sondern auch ihre Merkfähigkeit. Die Bilder unterstützen sie dabei und können wie in einem Malbuch farbig gestaltet werden. Eltern können den Kindern die Zaubersätze zur Erinnerung immer wieder vorlesen.

Der jeweilige Großbuchstabe ist ebenfalls abgebildet. Von den Kindern sollte aber noch nicht verlangt werden, jeden Buchstaben schon zu kennen und dem entsprechenden Laut zuzuordnen. Aber wenn die Kinder Interesse an den Buchstaben haben, können sie sich jetzt schon näher damit beschäftigen.

Wenn Sie den Kindern gegenüber einen Laut, z. B. „S“ erwähnen, so sagen Sie bitte immer den Lautnamen und nicht den Buchstabennamen (also [s] statt [es]).

Wir wünschen Ihnen und Ihrem Kind mit den Zaubersätzen viel Spaß.

Spielideen zu „Kasimirs Zaubersätzen“

Ich sehe was, was du nicht siehst.

Das bekannte Spiel wird mit Lautbildern gespielt in der Art: „Ich sehe was, was du nicht siehst, und das passt zum Bild „Flora fliegt flink durchs Fenster – ffffff.“

Alle Vögel fliegen hoch.

Vereinbaren Sie mit Ihrem Kind einen bestimmten Laut. Suchen Sie gemeinsam den Zaubersatz zum ausgewählten Laut. Wiederholen Sie den Satz und lassen die Seite aufgeschlagen. Nun lassen Sie verschiedene Dinge „hochfliegen“ in der Art: „Alle Blumen fliegen hoch.“ Betonen Sie dabei den Anfangslaut des Begriffes. Passt er zum vereinbarten Zaubersatz, streckt das Kind die Arme hoch.

Sortierspiel.

Suchen Sie zu einem vereinbarten Laut bzw. Zaubersatz mehrere Gegenstände, z. B. zu „Z“ eine Zitrone, eine Zahnbürste, eine Zange und einen Ball. Ihr Kind sucht heraus, welcher der Gegenstände nicht zum Zaubersatz passt. Dabei ist es gut, wenn es jedes Mal den Satz wiederholt und den Begriff anfügt: „Zwerg Zezi zieht zehn Ziegen – zack-zack! – Zitrone.“ So merkt es schneller, ob sich der Begriff in die Lautstruktur des Satzes einfügt.

Sicher finden Sie selbst mit Ihrem Kind noch andere Spiele, die Sie gemeinsam zu Kasimir und seinen Zaubersätzen spielen können.